NOTICE

SUR LA VIE ET LA MORT DE

CHARLES-LOUIS BROCARD

UNE PETITE FLEUR

DU JARDIN DE LA TRÈS SAINTE VIERGE

COURTE NOTICE

SUR LA VIE ET LA MORT DE

CHARLES-LOUIS BROCARD

La maturité de l'âge ne se mesure pas d'après le nombre des années, mais par la pureté de la vie.

C'est de la bouche des enfants que vous avez recueilli la plus belle louange.

P. S.

SALINS
IMPRIMERIE LÉON BOUVIER

1889

La douce mémoire de Charles Brocard mérite d'être précieusement conservée. Un ami de la famille avait eu la pensée de rassembler les principaux traits de sa vie. Des circonstances imprévues l'empêchèrent de réaliser son pieux désir. Nous avons alors entrepris ce petit travail, nous estimant heureux s'il peut porter à la vertu les enfants, et particulièrement les enfants qui se préparent à leur première communion. C'est pour eux spécialement que nous avons écrit cette notice.

NOTICE

SUR LA VIE ET LA MORT DE

CHARLES-LOUIS BROCARD

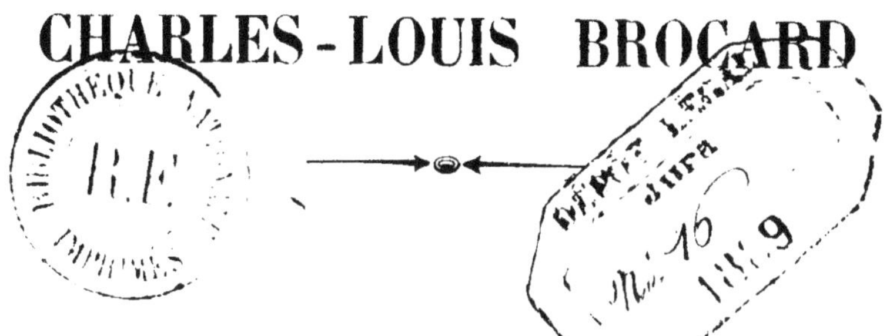

Charles-Louis Brocard naquit à Besançon le 4 avril 1877. Il eut pour père le colonel Paul Brocard, et pour mère Mme Léonie Brocard, née de Pagnoz. Il fut baptisé à l'église de Notre-Dame : un peu d'eau du Jourdain avait été mélangée avec celle qui servit à lui conférer le sacrement de la régénération.

Quelque temps après sa naissance, ses parents vinrent habiter Salins, pays natal de la famille Brocard.

Charles puisa dans les leçons et les exemples d'une pieuse famille ces principes chrétiens sans lesquels il n'est point de véritable et solide vertu. Ses parents, considérant leur enfant comme un précieux dépôt que Dieu leur avait confié, se proposèrent avant tout de faire de lui un fervent chrétien. La Foi présida donc à sa première éducation. Les noms bénis de Jésus et de Marie furent les premières paroles que bégayèrent ses lèvres, et la première leçon qu'il reçut sur les genoux de sa mère fut une prière.

Dès lors se manifesta en lui cette piété affectueuse qui devait le caractériser. C'est ainsi qu'à l'âge de quatre ans et demi, pendant une maladie, il demandait le secours de leurs prières aux personnes qui le veillaient.

Un malheur dont il ne pouvait apprécier l'étendue vint le frapper au début de la vie. Son père mourut le 17 janvier 1880, laissant après lui un vide que rien ne pouvait combler.

Il semble qu'un guide aussi prudent et aussi énergique que le colonel Brocard eût été indispensable pour mener à bonne fin l'éducation de Charles. Car, sous une apparence calme se cachaient une vivacité et une turbulence extrêmes, un goût excessif pour les jeux et les amusements, et une opiniâtreté qui faisaient craindre pour l'avenir. Rien ne paraissait aussi pénible à Charles que d'avouer une faute et d'en faire des excuses : il attendait souvent une heure et au-delà avant de s'y décider. Les réprimandes et les punitions l'exaspéraient. On fut quelquefois obligé de l'enfermer pour vaincre son obstination. Un jour il préféra se priver de déjeuner et se laisser mettre aux arrêts pendant deux heures, plutôt que de faire sa prière.

Les maîtres chargés de lui enseigner les premiers éléments des sciences, n'eurent pas plus que ses parents à se louer de ce caractère violent et indocile. Voici le témoignage de l'un d'entre eux : Les débuts de ses études furent pénibles pour les personnes chargées de son éducation. Il se pliait difficilement à leur volonté; il trouvait souvent un malin plaisir à les mécontenter; il apportait à l'étude de ses leçons une mauvaise volonté très peu déguisée; il manifestait un certain esprit de taquinerie en écrivant ses devoirs le plus mal possible.

On le voit, l'éducation de Charles fut une œuvre pénible qui demandait une vigilance de tous les instants, un tact délicat et une patience à toute épreuve. Les fautes et les défauts furent réprimés sans pitié, avec une fermeté que ne purent fléchir les larmes, moins encore les colères de l'enfant. Il fut soumis à un travail assidu, régulier et consciencieux; mais on n'exigea de lui que ce que l'on était raisonnablement en droit d'en attendre ; on évitait ainsi de décourager sa bonne volonté en demandant trop et de favoriser en lui l'indolence et la mollesse par une indulgence mal placée. On sut récompenser les efforts, excuser et pardonner les fautes échappées à l'étourderie ; mais les fautes de pure malice furent châtiées en proportion de leur gravité. On évitait toutefois la rudesse et la colère, qui aigrissent le cœur et poussent l'enfant à la révolte, loin de le corriger. On sut habilement profiter de la générosité de son âme pour lui inspirer ces sentiments de délicatesse et d'honneur qui sont la garantie du respect de soi-même et du respect d'autrui. Le travail lui fut présenté non comme une peine et un ennui, mais comme un bonheur et un délassement. On lui fit comprendre que l'homme n'est vraiment homme qu'autant qu'il est résolu à remplir son devoir, en tout temps et sans faiblesse.

Mais la famille Brocard était trop chrétienne pour ignorer que les motifs purement humains ne peuvent opposer aux passions qu'une digue impuissante. D'ailleurs il s'agissait de former le chrétien, c'est-à-dire une âme rachetée par le sang de Jésus-Christ. Cette âme, il fallait la faire vivre de cette vie surnaturelle qui consiste à connaître, à aimer et à servir Dieu en ce monde, pour arriver à le posséder en l'autre. On fit donc connaître à Charles Dieu et sa sainte loi; on lui apprit à aimer ce Père qui nous comble de bienfaits, et à craindre ce Juge redoutable que rien ne saurait tromper ni corrompre ; et on lui inspira l'horreur du péché qui rend l'homme malheureux aussi bien que coupable. On l'habitua à ne voir et à ne chercher que Dieu en toute chose; à n'agir qu'en conformité avec sa volonté adorable ; enfin, à n'attendre de secours et de récompense que de Lui seul.

Cette éducation avait donc la Foi pour base; désormais la Foi devint la règle de conduite de Charles. Les soins de sa pieuse et excellente mère, de ses bonnes tantes et ceux d'une institutrice intelligente et dévouée ne tardèrent pas à porter d'heureux fruits. Peu à peu ce caractère si difficile s'améliora, et le changement devint surtout sensible après sa première confession, qu'il fit vers l'âge de sept ans, et à laquelle il se prépara avec le plus grand soin.

A ce moment de la vie où la raison commence à poindre, où la volonté peut déjà faire un libre choix, Charles, éclairé par la Religion, comprit que le fragile bonheur de ce monde n'est et ne peut être le but de notre existence, mais que la véritable fin de l'homme est le service et la possession de Dieu. Sa préoccupation principale, nous dit un saint prêtre, qui a bien connu notre petit héros, fut le service de Dieu. Ses pensées, ses désirs, ses actions, ses projets d'avenir, se rapportaient à ce but.

Dieu étant l'Auteur de tout le bien que nous faisons, parce que c'est lui qui nous inspire la pensée de ce bien et qui nous donne la volonté et la puissance de l'accomplir, a un droit immédiat sur toutes nos actions, et exige que la gloire lui en soit rapportée. Charles n'eut garde de manquer à ce devoir. Tous les matins il offrait à Dieu l'ensemble des actions de la journée, et il renouvelait cette offrande avant chacune de ses principales actions. De cette manière, il apprit à sanctifier les actions les plus communes. Et de peur que la négligence dans l'accomplissement de ses devoirs n'en diminuât le mérite, il s'efforça d'apporter à toutes ses actions tout le soin et toute l'attention possibles.

Marchez en ma présence, dit le Seigneur au père des croyants, et vous serez parfait. Cette pensée de la présence de Dieu était familière à

Charles. Elle le soutenait dans sa lutte contre les passions, le consolait dans ses petites peines, l'encourageait dans la pratique du bien et imprimait à tous ses actes ce caractère de pieuse gravité dont nous aurons à parler. Dieu attirait son cœur; son esprit s'élevait facilement vers lui. Il retrouvait le Créateur dans la créature : le son des cloches, la lueur des éclairs, les splendeurs du firmament, le chant des oiseaux, le parfum des fleurs, tout, en un mot, ramenait sa pensée vers l'Auteur de toutes choses.

L'âme qui se tient en la présence de Dieu est naturellement portée à la prière. La prière est à la fois pour le chrétien un besoin et un devoir. Or, Charles savait prier et il aimait à prier. Fidèle à toutes les pratiques religieuses, il n'omit jamais les prières journalières du chrétien. Ni les occupations, ni les voyages, ni le séjour à la campagne ne furent pour lui un motif suffisant de les omettre. La maladie et l'obéissance seules purent les lui faire abréger. Il apportait à ce saint exercice une piété et une dévotion qui devraient confondre notre légèreté et notre froideur. A l'église, sa foi profonde se manifestait par un maintien si digne et si modeste, par un recueillement si profond, une attention si soutenue à suivre les saints offices, que les fidèles qui en étaient témoins ne pouvaient s'empêcher de laisser voir leur attendrissement et leur édification.

La douloureuse Passion de Notre-Sauveur était l'une de ses dévotions préférées. Un beau crucifix était placé sur la table de travail de son professeur de latin. Le premier mouvement de Charles, quand il venait prendre sa leçon, était de presser sur son cœur et de baiser ce crucifix avec une componction dont le professeur parle encore avec émotion. (1)

Son cœur avait des élans de tendresse pour le divin Enfant de Bethléem. Une belle crèche ornait sa chambre. Il ne manquait jamais de la montrer à ceux qui venaient le voir. Quand il voulait favoriser quelque visiteur, il l'éloignait un moment, et en son absence il illuminait la crèche, et c'était toujours avec un nouveau plaisir qu'il observait la surprise du spectateur.

C'est aussi par dévotion pour Jésus enfant

(1) Charles avait la louable habitude de croiser ses bras sur sa poitrine quand il était au lit. Sa main droite reposait ainsi sur son épaule gauche, et sa main gauche, sur son épaule droite. A la fin de sa vie seulement, à cause des douleurs occasionnées par de violents battements de cœur, il demanda la permission de ne plus croiser ainsi les bras.

qu'il s'enrôla dans les rangs de l'Association de la Sainte Enfance. Il en fut un zélateur généreux et dévoué, et la belle bannière de la jeune milice est due, en partie, à sa pieuse libéralité.

La dévotion à Marie est inséparable de la dévotion à Jésus. Aussi notre cher enfant eut-il pour la Sainte Vierge un amour filial, signe presque infaillible de prédestination. L'*Ave Maria* était sa prière favorite, le chapelet l'aidait à supporter les souffrances de la maladie et à dissiper l'ennui durant ses longues nuits d'insomnie. Plusieurs fois on le surprit agenouillé sur le plancher, devant une belle Madone qui ornait la chambre de Mme Brocard. Sa piété filiale envers Marie l'attirait à la chapelle de N.-D. Libératrice, la patronne de Salins. Les offices de ce sanctuaire, moins longs que ceux de la paroisse, convenaient d'ailleurs mieux à sa santé délicate. Habituellement il se tenait près de la table de communion, priant et suivant attentivement les cérémonies. C'est là qu'il apprit « à dire la Messe, à donner la bénédiction, à porter la chape. » La procession de la fête de la Libératrice le transportait. « N'importe où je serai, dit-il un jour, je reviendrai à Salins pour cette fête ; ce serait un péché que d'y manquer, quand on est Salinois. » Enfin les Litanies de notre douce Mère furent la dernière prière que murmurèrent les lèvres tremblantes de l'enfant mourant.

Son ange gardien était l'objet de sa vénération. Il l'invoquait fréquemment et parfois on l'entendit lui parler familièrement, comme on parle avec un compagnon bien aimé.

Cet amour pour Dieu et ce respect pour les saints, Charles les reportait sur les personnes consacrées à Dieu. Il honorait dans le prêtre le ministre et le représentant de Dieu ; dans les religieux et les religieuses des amis particulièrement chers au Cœur de Jésus. Pendant sa dernière maladie, sa porte, close pour tout le monde, ne leur fut jamais interdite.

La mort prématurée de Charles nous fait croire que Dieu l'avait destiné à être un modèle pour les enfants de son âge ; quant à lui, il se croyait appelé au sacerdoce. Sa piété exemplaire et sa gravité si fort au-dessus de son âge rendaient vraisemblable cette sublime vocation. C'est en vue d'acquérir la science indispensable au prêtre qu'il se mit avec ardeur à l'étude, car, disait-il avec persuasion, « il faut qu'un prêtre soit savant, très savant et qu'il sache tout. » —

Un Père Dominicain, frappé de l'attention que Charles avait apportée aux instructions du Jubilé de 1886, lui dit un jour : « Que voulez-vous faire, mon petit ami, quand vous serez devenu grand ? — Mon Père, je me ferai prêtre. — Prêtre ? mais vous avez plutôt la tournure d'un petit général. — Soit! mais si je me fais militaire, je serai toujours et en tout cas un bon chrétien. » Et comme on lui demandait la raison de son attrait pour le sacerdoce, il répondit : « C'est qu'il y faut beaucoup travailler, beaucoup souffrir et qu'ainsi on gagne le ciel. »

Il se plaisait à remplir d'avance les fonctions sacerdotales. Sa chambre était un véritable oratoire ; sa famille lui avait monté une chapelle complète : chape, chasuble, encensoir, calice, rien n'y manquait. C'est dans cet oratoire qu'il disait la Messe, donnait la bénédiction, distribuait les Cendres et faisait des sermons dont nous dirons quelques mots.

Ce n'était pas par récréation, par un vain amusement, par une enfantine vanité qu'il se plaisait à imiter, en présence de sa famille et de quelques privilégiés, les saints offices de l'Eglise. Pour lui, c'était un ministère, un apostolat. Il y mettait un sérieux, une ardeur qui trahissait le fond de son âme. Il avait compris la sublimité de notre sainte Foi ; il aimait ses enseignements et mettait toute son ardeur à les étudier.

Il apportait à cette étude un soin, une attention et un respect que tous ses catéchistes se sont plu à constater. Pendant toute la durée de la leçon, ses yeux étaient constamment fixés sur le catéchiste : ni le froid, ni le bruit n'étaient capables de le distraire. Tout l'intéressait dans l'étude de la Religion, et rien n'égalait son attention et sa bonne tenue quand on lui exposait la doctrine chrétienne. Il était triste, quand la maladie l'empêchait de prendre part aux leçons d'Instruction religieuse. Sur la fin de sa vie, ne pouvant assister au catéchisme de première Communion, il demanda et obtint des leçons privées.

Pendant le cours de ces instructions, il se plaisait à provoquer des explications et même à soulever, avec une pieuse réserve, des objections. Cette étude du catéchisme n'était pas pour lui une affaire de mémoire et d'attention superficielle ; il recevait avidement, pour les approfondir, les comparer et les concilier entre elles, les notions qui lui étaient fournies, de sorte que chaque leçon commençait par un éclaircissement des difficultés que son esprit avait rencontrées en réfléchissant sur les explications données à la dernière entrevue. Comme preuve du soin qu'il apportait à approfondir les explications, nous citerons le fait suivant : On avait expliqué à Charles qu'il n'est pas permis de célébrer la sainte Messe en présence des excommuniés dénoncés. Quelques jours après, on lui dit que les hérétiques, les excommuniés ne cessent pas d'être soumis aux lois de l'Eglise après leur révolte. Charles fit alors l'objection suivante : « Mais comment se peut-il que, d'une part, il soit défendu de célébrer la sainte Messe en présence de l'excommunié, et que, d'autre part, celui-ci soit tenu d'y assister ? » Une objection de cette force, dans un enfant de dix ans, est l'indice d'une forte intelligence et d'une puissance de réflexion fort rare à cet âge.

Charles aimait donc la parole de Dieu, mais, en outre, il voulait faire partager aux autres son amour des vérités éternelles, et leur communiquer la connaissance de la doctrine chrétienne. Aussi, non content de répéter au sein de sa famille, les sermons et les instructions qu'il entendait, il donna (c'est le mot) des sermons de sa composition. A cet effet, il prenait note, sur un carnet, des idées qui se présentaient à son esprit, puis il mettait par écrit le plan et le texte de son discours. Réunissant ensuite son auditoire, il débitait, avec une gravité qui indiquait sa profonde conviction, de courts sermons, propres cependant à émouvoir ses auditeurs. Ces instructions se terminaient par une bénédiction qu'il donnait, avec une image pieuse, à ses « *très chers frères.* » Un jour, devant la Crèche de l'Orphelinat de Saint-Anatoile, il fit, devant une trentaine d'enfants de son âge, un sermon sur l'esprit de pénitence. On a eu l'heureuse pensée de conserver le texte de plusieurs de ces petits discours. Le sentiment en forme le fond; ils révèlent un cœur épris de Dieu. Le style simple et naïf, mais concis, rappelle l'âge du petit orateur. Mais ce qui frappe, ce qui étonne, c'est le sérieux, l'austérité même des sujets traités. Il avait l'esprit bien mûr déjà cet enfant qui parlait de la dignité du chrétien, de la sanctification du dimanche et du Carême, de la pénitence, de la soumission dans les épreuves envoyées par la Providence, et, ce qui confond, du devoir imposé aux parents d'élever chrétiennement leurs enfants.

Les belles pensées, les textes, les traits historiques que l'on rencontre dans ces courtes homélies, Charles les puisait en grande partie dans les lectures pieuses. Il aimait particulièrement les *Vies des Saints*. Ces lectures sont trop négligées aujourd'hui, même dans les familles les plus chrétiennes. On met entre les mains des enfants des ouvrages frivoles dont le moindre inconvénient est de dégoûter ces jeunes intelligences des études sérieuses. Quant à Charles, les vertus héroïques des saints exaltaient la générosité de son cœur; il imitait leurs pratiques de dévotion, jugeait comme eux des choses de ce monde et cherchait à reproduire dans sa conduite ces modèles de perfection.

A leur exemple, il craignait et fuyait le péché. Rien ne lui coûtait pour conserver intacte la pureté de son âme. Sans doute, il n'était pas un ange, il ne fut point parfait, mais, s'il commit des fautes de fragilité, du moins les fautes de pure malice furent extrêmement rares. Il avait d'ailleurs soin de se relever immédiatement de ses petites chutes; il embrassait son crucifix, demandant pardon à Dieu, et ne reprenait sa première sérénité qu'après une humble et sincère confession. Dégagé de toute fausse honte, il faisait à sa mère l'aveu de ses manquements, demandait une pénitence, pour ne pas, disait-il, être puni après sa mort, et remerciait toujours la main qui ne le châtiait que pour l'arrêter sur le chemin du mal.

Cette horreur du péché le portait à reprendre sans respect humain, mais avec discrétion, ceux qui s'en rendaient coupables. Il ne pouvait entendre blasphémer sans frémir, et il était navré en voyant les tristes chrétiens de notre temps violer, sans scrupule, la sainteté du dimanche. Il demandait pardon à Dieu de ce mépris public de sa loi et il se rappelait avec tristesse qu'un dimanche il s'était, par mégarde, amusé à découper une planchette.

Le mensonge lui était odieux ; jamais il ne se permit de trahir la vérité, fût-ce même pour éviter une punition. La duplicité répugnait tellement à sa droiture naturelle qu'un jour, récitant par cœur une leçon, et s'apercevant que le livre était entr'ouvert, il pria le professeur de tourner le feuillet, afin de n'être pas tenté d'aider sa mémoire par quelque coup-d'œil dérobé. Quand il composait pour correspondance, il recommandait à son professeur de ne lui donner ni conseils, ni renseignements, car il aurait rougi d'occuper un rang qu'il n'aurait pas loyalement conquis, ou de recevoir des éloges non mérités.

Nous avons parlé de la répugnance que Charles éprouvait à se soumettre. Mais désireux d'imiter Jésus-Christ, qui s'est fait obéissant jusqu'à la mort, et jusqu'à la mort de la croix, il entreprit de lutter contre la tendance de son esprit à la révolte. A mesure que la foi se développait dans son âme, son obéissance s'inspirait de la Foi. Il se soumettait parce que la volonté de Dieu était qu'il se soumît, et il reconnaissait la manifestation de cette volonté dans les ordres de ceux qui avaient autorité sur lui. Toutes ses actions étaient réglées par l'obéissance, et il ne faisait rien de ce qui s'écartait de l'ordre habituel de la vie, sans y être expressément autorisé. Il poussait cette obéissance au point de ne pas prendre une bouchée de pain, un fruit ou même une fleur sans permission. Il n'était pas nécessaire de lui donner un ordre formel; un signe, un regard de sa mère suffisait pour l'arrêter court au milieu du jeu le plus animé. Le *Journal des Enfants* ayant posé à ses jeunes lecteurs la question suivante : « Que feriez-vous si vos parents venaient à mourir, vous laissant sur la terre seuls et sans ressources ? » Charles répondit : « Je suivrais le conseil de mon confesseur. »

Cette obéissance était accompagnée de la reconnaissance la plus vive et de l'affection la plus tendre pour sa mère. Ici nous allons le laisser parler lui-même. A l'âge de sept ans, il écrit à sa mère : « C'est à vous que j'aime le mieux que je souhaite une bonne année, parce que je vous aime plus que tout le monde. Je vous remercie beaucoup de tous les bonbons et des *petite* punitions que vous m'avez *donné*. Je demande aussi pardon de *tout* mes sottises et je veux être bien sage. » A l'âge de huit ans, il va plus loin. Après avoir dit qu'il prie pour le *genou* (malade) de sa maman, et après l'avoir remerciée de ses bontés, il ajoute : « Dans la nouvelle année je veux être votre protecteur. » L'orphelin avait-il l'intuition de la protection dont la veuve a tant besoin. Enfin, le 1er janvier 1888, six semaines avant sa mort, il dit : « Je vous exprime les vœux les plus affectueux, les plus sincères, les plus beaux, les mieux choisis que mon cœur me dicte pour vous. O mère, lisez dans mon cœur et vous y lirez les suivantes : Tout à vous, chère mère. Ah ! je me sacrifierais pour vous, je préférerais mourir que de vous voir mourir. » (1) Charles n'était pas moins atta-

(1) Charles demandait chaque soir la bénédiction de sa mère.

ché aux autres membres de sa famille : son vénérable grand-père, ses bonnes tantes étaient largement payés de leur tendresse par la vive affection qu'il leur avait vouée, et qu'il leur témoignait en toute circonstance. En effet, la Religion élargit le cœur au lieu de le rétrécir; la religion chrétienne, on l'a dit, est l'école du respect; elle est tout autant l'école de l'amour; l'expérience de tous les jours prouve que les familles les plus religieuses sont aussi celles où règne la plus étroite union.

Notre cher enfant fut mis de bonne heure à l'étude. Nous avons vu que ses débuts procurèrent peu de satisfaction à ses maîtres. Ces mauvaises dispositions, qui auraient pu compromettre le succès de ses études, ne tardèrent pas à faire place à une grande ardeur au travail et à une respectueuse déférence. Pénétré de la nécessité du travail, il ne trouva jamais les leçons trop longues, ni les devoirs trop difficiles. Il se mettait à l'œuvre au moment fixé, ne perdait pas son temps en hors-d'œuvre, et ne quittait la tâche que lorsqu'elle était achevée. Le

---

Pour le rappeler au devoir, il suffisait de lui faire entendre que cette bénédiction pourrait bien lui être refusée. Aussitôt, craignant d'affliger sa mère et surtout de perdre une grâce précieuse, il s'efforçait de mériter un accueil favorable à l'heure où il devait aller prendre son repos.

travail intellectuel de Charles était aussi sérieux que régulier. Doué d'heureuses dispositions, continue le même professeur qui nous a raconté ses débuts, Charles était en outre très studieux ; il voulait se rendre compte de tout et montrait cette perspicacité et cette rectitude de jugement que nous avons signalées plus haut. Ses progrès furent très rapides; à neuf ans il possédait les connaissances des enfants de douze ans. Autant il s'était montré, dès l'abord, revêche et peu soumis, autant il était devenu respectueux, aimant, confiant et poli. Il était plein de joie quand il pouvait faire plaisir. Il n'était pas indifférent aux petits insuccès; mais ne se laissa jamais décourager. On lui envoyait les compositions des élèves de l'institution Sainte-Marie de Besançon. Or, un jour qu'il s'attendait à une bonne place en thème latin, il lui arriva de n'être que vingt-troisième, c'est-à-dire l'un des derniers. Loin de se laisser abattre, il travailla si bien que quelque temps après il obtint la sixième place, et parvint même une fois à conquérir le premier rang. Mais quelle que fût, en cette dernière occasion, sa légitime satisfaction, il sut garder la modération dans son triomphe, et, avec sa modestie habituelle, il fit remarquer que son amour-propre n'avait, en compensation, pas lieu de se flatter de la place obtenue en mathématiques.

Il comprenait et savait apprécier le dévouement de ses maîtres, et chose bien rare chez un enfant, il savait en être reconnaissant. Il écrivait fréquemment à l'un de ses anciens professeurs. Dans ses lettres, il s'informe de sa santé, de ses occupations, de ses joies et de ses ennuis; il lui promet des prières et ne manque pas une seule fois de lui exprimer son affectueuse gratitude. Nous trouvons dans cette correspondance ce passage, qui révèle une exquise sensibilité : « Quand je passe devant Sainte-Marie, je n'ose plus regarder les fenêtres de votre salle de classe de peur d'y voir la figure d'un autre maître, ce qui me fait pleurer. »

Cette même bonté de cœur se manifestait dans ses relations avec ses disciples. Il aimait ses camarades et il en était aimé. On peut affirmer que pas un seul d'entre eux n'eut à se plaindre et ne se plaignit de lui : « Que je regrette donc ce bon petit Charles, disait l'un d'entre eux; jamais il ne m'a fait de peine. » Quant à Charles, il trouvait que tous les enfants étaient *bons, très bons, tout à fait bons* pour lui, et il ne manquait jamais de raconter à sa famille les moindres marques d'affection et d'intérêt qu'on lui donnait.

Cette bienveillance affectueuse et indulgente témoignait d'un grand fonds de modestie; l'orgueil, au contraire, a pour conséquence l'égoïsme et la dureté. Tandis que la vanité est à la recherche des éloges fondés ou non, et s'y complaît, la modestie, ou mieux l'humilité, fuit les honneurs et les évite quand elle le peut. L'âme humble connaît son impuissance; elle remonte à Dieu, auteur de tout don parfait, et lui rapporte la gloire et l'honneur du bien qu'elle fait. Charles pouvait bien avoir conscience de ce qu'il y avait en lui de généreux et d'aimable, car au fond l'humilité n'est que la justice et la vérité; mais il se gardait bien de s'en attribuer le mérite. Il ne se faisait pas illusion sur sa propre valeur. Un jour que pour le porter à la reconnaissance envers Dieu, on le félicitait de ses heureuses dispositions pour l'étude, il répartit avec vivacité : « Ah ! vous croyez cela, vous ! Eh bien ! je sais, moi, qu'il me faut travailler, et travailler beaucoup pour ne réussir que médiocrement. » Il évitait de parler de ce qui pouvait lui faire honneur ou lui attirer des éloges; mais il avouait facilement les fautes qui lui échappaient et les punitions qu'elles lui valaient. Il cachait soigneusement ses petites aumônes et n'aimait pas qu'on en parlât : « Dieu les connaît, disait-il, et cela suffit. »

Les pauvres savaient en effet trouver le chemin de son cœur. Il respectait et aimait en eux les membres souffrants de Jésus-Christ. Sa main était toujours libéralement ouverte pour soulager les malheureux. L'argent qu'on lui donnait en récompense de sa bonne conduite et de son application à l'étude, il le dépensait presque entièrement en aumônes. Avec le fruit de ses petites économies, il achetait des catéchismes, des livres, des habits aux enfants indigents. Il amassa, sou par sou, de quoi acheter une blouse à un pauvre tout déguenillé. Interrogé à ce sujet, il répondit : « Quand ce pauvre viendra au ciel (car il était d'avis que tous les pauvres vont au ciel), il dira : C'est Charles Brocard qui m'a acheté cette blouse. » Un autre malheureux avait été en quelque sorte adopté par notre cher enfant, qui lui faisait régulièrement la charité. Quand Charles s'absentait de Salins, il avait soin de remettre à une personne de confiance une somme d'argent pour que son protégé ne souffrît point de son absence.

On a souvent fait la remarque que l'homme compatissant aux infortunes du prochain est dur envers lui-même. Charles, dont le cœur était si tendre envers les malheureux, était sévère envers lui-même. De bonne heure, on l'avait prémuni contre cette fausse délicatesse, contre ce sensualisme qui amollit les âmes et qui fait redouter jusqu'aux noms de sacrifice et de renoncement. Sans doute la Religion permet les plaisirs honnêtes, et Charles ne l'ignorait pas. Mais il savait aussi qu'il n'y a pas de solide vertu sans abnégation, et que nos fautes ne peuvent s'expier que par la pénitence. Le Sauveur a donné à ses disciples l'exemple du renoncement; Charles n'hésita pas à le suivre dans cette voie. Il est bien souvent surpris s'abstenant volontairement d'un mets préféré. Comme tous les enfants, il aimait beaucoup les bonbons. Or, tous les vendredis, il se privait de ces friandises et on les retrouvait dans ses poches le lendemain. Ces petits sacrifices, il les appelait : « Les fleurs du bon Dieu », et il avait raison, car elles produisent des fruits pour l'éternité.

Mais dans tous ces sacrifices volontaires peut se glisser l'amour-propre, qui en diminue le mérite. Il n'en est pas ainsi de l'acceptation des épreuves qu'il plaît à Dieu de nous envoyer. La souffrance est la pierre de touche de la vertu; la grandeur d'âme de Job ne parut dans tout son éclat qu'au moment où la tribulation venant l'accabler, ne put cependant lui arracher un murmure.

Or, les souffrances physiques ne manquèrent pas à Charles. Il était d'une santé délicate et souffrait parfois beaucoup. Mais si la douleur lui arrachait des plaintes, sa volonté demeurait soumise à la volonté divine. Les yeux fixés sur le crucifix, il unissait ses souffrances à celles du Sauveur, et recourait à la prière, source incomparable de force et de patience. « J'accepte la maladie, disait-il sur son lit de mort ; je l'accepte, oui ; mais c'est parce que c'est Dieu qui me rend malade. » Et le dernier petit sermon qu'il fit, alors que déjà la maladie l'avait tellement affaibli qu'il ne pouvait plus soulever les bras, roula sur la sanctification du Carême par la pénitence. Je ne sais quelle impression cette parole d'un mourant, prêchant sur le seuil de la tombe, dut produire dans l'âme des auditeurs, mais ce trait est caractéristique et peint Charles tout entier.

Ce serait une erreur de croire que cet empire continuel sur soi-même constitue dans la vie une triste monotonie. Selon la pittoresque expression du Sage, la conscience du juste est un festin continuel. Aussi Charles était-il gai, même expansif.

Il aimait beaucoup la société; la conversation avec des personnes sensées et pieuses formait sa meilleure récréation. Il était d'une extrême politesse; dans ses entretiens, jamais de médisance ou d'expressions grossières; il charmait par une aimable naïveté. Le sérieux de son caractère n'excluait pas les réparties spirituelles, le mot pour rire. Rendant compte d'une partie de pêche, il qualifie d'étourdis les vairons qui se laissent prendre à tout coup, et de gens avisés, mais mal élevés, les goujons qui refusent de mordre à l'hameçon. « Je vous fais tous mes compliments, écrit-il à l'un de ses professeurs; *Fox* (son chien) vous débiterait les siens, s'il savait parler; en attendant il remue la queue; c'est sa manière de saluer. »

Il passait une partie de ses récréations avec les élèves de l'Institution Sainte-Marie de Salins. Il apportait au jeu sa gaieté et sa complaisance habituelles : aussi se le disputait-on dans les groupes. Mais l'adresse de sa main ne répondait pas toujours à sa bonne volonté; il lui arrivait souvent de perdre ou de faire perdre une partie. Néanmoins il ne fut jamais raillé de sa maladresse. Les élèves ne se permettaient même pas de le tutoyer. Ils portèrent plus loin encore les marques de leur affection et de leur respect. Si après une partie perdue, hélas! par sa faute, il était condamné, d'après les règles du jeu, à servir de cible aux paumes des joueurs heureux, ou bien on le dispensait d'une commune voix de la peine à laquelle nul autre n'aurait certainement pu se soustraire; ou bien encore, on l'épargnait en visant sciemment trop haut ou trop bas. Ce détail peut paraître insignifiant; les personnes habituées à vivre avec des enfants en jugeront autrement, et y verront l'ascendant que Charles exerçait sur ceux qui l'entouraient.

Mais à ce sujet laissons parler des personnes plus autorisées et plus expérimentées dans la connaissance du cœur humain: « Tout ce que j'ai vu, dit l'un de ses professeurs, prêtre distingué par l'intelligence et le cœur, tout ce que j'ai su de cet enfant n'a pu que m'édifier. » Un autre prêtre, d'une rare rectitude de jugement, a porté sur Charles le jugement suivant : « C'est un enfant d'une grande piété, d'un grand esprit, d'un caractère original, toutes qualités qui font les saints. » Un autre ajoute : « Je regarde comme une des grandes grâces de ma vie d'avoir rencontré une âme aussi heureusement douée. Je sais assez de ses qualités pour que son souvenir demeure impérissable dans ma mémoire. »

Sa physionomie, sérieuse et charmante à la fois, attirait vivement l'attention et l'intérêt. Quand on rencontrait cet enfant de dix ans, on devinait sans peine, à travers ses traits réguliers et fins, un esprit vif, un cœur naïf et pur, une âme ouverte et bonne. Mais ce qui frappait et ce qui donnait la caractéristique de cette figure vraiment intéressante, c'était cette gravité précoce, cet aspect de l'homme fait, dans lequel s'encadraient les grâces de l'enfance, et l'on ne pouvait assez admirer en lui cette maturité qui est le fruit d'une raison éclairée par la Foi et d'une volonté fixée dans le bien.

Tel était donc cet aimable enfant, aimé de Dieu, chéri de ses maîtres, respecté par ses condisciples, l'orgueil et la joie de sa famille. On pouvait concevoir les plus belles espérances pour son avenir. Il l'envisageait d'un cœur ferme, car c'est en Dieu qu'il avait placé sa confiance. Il s'y préparait par l'innocence du cœur, et la vigueur que réclament les labeurs de la vie, il devait la puiser dans l'aliment divin, dans la radieuse Hostie qui est le pain des anges.

En effet, l'époque de la première communion de Charles était proche. La première Communion ! Elle était l'objet de toutes ses aspirations. Il soupirait après le jour où il s'unirait à son Dieu, et telle était l'impatience de ses désirs qu'un jour, ayant vu une de ses tantes communier en viatique, il manifesta hautement l'envie d'être gravement malade pour pouvoir communier plus tôt. Il ne cessait de penser au grand jour; il en parlait dans toutes ses conversations et dans toutes ses lettres. Son travail devint plus assidu, ses intentions plus pures, son obéissance plus prompte, sa piété plus ardente, son recueillement plus profond, ses prières plus ferventes.

Comme un jeune lys attend les rayons du soleil levant pour répandre une odeur plus douce et s'épanouir avec plus d'éclat, ainsi Charles attendait la venue de Jésus pour exhaler le suave parfum de vertus plus douces et d'une piété plus affectueuse. Il vint, le bon Sauveur, mais comme il voulait posséder sans partage le cœur de l'enfant et s'y préparer une demeure immaculée, il le purifia par les souffrances d'une maladie qui fut la dernière.

Charles ne s'attendait probablement pas à mourir si tôt, car l'avenir lui souriait avec ses vagues et lointaines espérances.

Cependant, grâce à la précoce gravité de sa raison, il avait compris la fragilité de l'existence de l'homme et l'importance d'une bonne action à la mort. Il savait que l'éternité dépend du dernier moment, et que la mort n'est que l'écho de la vie. Il se disposa donc à paraître avec confiance devant Dieu, en menant une vie sainte; et pour se préparer plus immédiatement au redoutable passage de ce monde en l'autre, il récitait tous les jours une petite prière qu'il avait composée et qu'il propagea parmi ses condisciples, en les exhortant à la réciter tous les soirs (1).

L'hiver était venu avec toutes ses rigueurs, et la santé de Charles en fut profondément atteinte. Ses forces allèrent en déclinant rapidement, et malgré son énergie, l'enfant se vit forcé d'interrompre ses études. La science et le dévouement furent impuissants à conjurer le mal. Néanmoins, l'on continuait encore à espérer quand déjà tout était perdu et qu'il ne restait à Charles de forces que pour souffrir. Mais quand tout tombe et s'évanouit autour de nous, Dieu nous reste; et en cet instant suprême, sa bonté préparait à l'enfant une bien douce consolation. Le prêtre était donc au chevet du moribond, qui, après un der-

(1) *Voici cette courte prière :* « Mon Dieu, je vous aime de tout mon cœur, et si je devais bientôt mourir, faites que je sois prêt à tout instant à paraître devant vous. »

nier aveu, avait reçu, avec l'absolution, le pardon de ses fautes. Jésus alors quitta son tabernacle, il vint à son enfant qui ne pouvait aller à lui. Et dans la chambre transformée en sanctuaire, sous les yeux de sa mère et de sa famille en larmes, Charles reçut le corps adorable de Jésus et fit ainsi sa première communion en forme de viatique. En ce moment d'intime union avec Dieu, que se passa-t-il? Nul ne le sait, mais dans les élans de sa reconnaissance, le cœur de l'enfant battait bien fort; une paix profonde rayonnait sur son front, et des larmes coulaient sur ses joues. Elle fut longue et fervente, l'action de grâces; elle durait encore quand la mort survint. Mais la terreur du jugement n'épouvanta point les derniers moments de l'enfant. Dieu lui épargna les souffrances de l'agonie, il ne vit point venir la mort, et la frayeur du dernier instant n'ajouta rien à ses douleurs. Un dernier regard s'abaissa sur le crucifix, une dernière parole expira impuissante sur ses lèvres : l'âme avait rompu ses liens, et l'union éternelle s'accomplissait entre Dieu et son enfant.

Il était là, étendu sur la couche funèbre, froid et immobile, mais transfiguré. A la nouvelle de la mort d'un tel enfant, la Cité s'émut, et la foule respectueuse et recueillie vint s'agenouiller autour de sa dépouille mortelle. Elle accourut plus nombreuse encore, le jour des funérailles, mais ce fut moins un deuil qu'un triomphe. On plaignait la mère désormais seule avec ses regrets et ses souvenirs; mais l'éloge du fils, « du petit Saint », était dans toutes les bouches; on exaltait ses vertus; et celui qui semblait avoir passé inaperçu pendant sa vie, devint l'objet du respect et de l'admiration de tous après sa mort.

Il attend maintenant la résurrection glorieuse et repose dans la tombe où sont renfermés les restes de son père. Dieu a cueilli cette fleur délicate pour que le souffle du monde n'en ternît point l'éclatante fraîcheur; mais son parfum demeure et embaume les âmes. Il parle, quoique mort, et sa voix semble nous dire qu'il n'y a de paix, de bonheur et de gloire qu'au service de Dieu.

Puissent ces lignes apporter quelque adoucissement à la douleur de la famille de Charles Brocard, puisse son exemple exciter les enfants à se rendre dignes de leur noble titre de chrétien et de leurs éternelles destinées.

AD MAJOREM DEI GLORIAM.

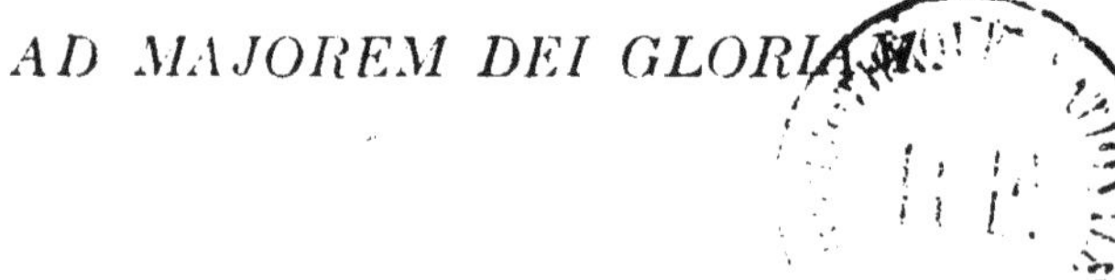

www.ingramcontent.com/pod-product-compliance
Ingram Content Group UK Ltd.
Pitfield, Milton Keynes, MK11 3LW, UK
UKHW021318190726
13839UKWH00007B/2017

9 782329 560236